SACA PARTIDO DE LA INTELIGENCIA EMOCIONAL

Los secretos para ser el dueño
de tus emociones

Por Maïlys Charlier
Traducido por Laura Bernal Martín

Coaching en50MINUTOS.es

LA INTELIGENCIA EMOCIONAL

- **¿Problemática?** ¿Cómo aprender a gestionar lo mejor posible tus emociones para poder maximizar tu potencial y tus posibilidades de éxito?
- **¿Utilidad?** Una alta inteligencia emocional te conducirá al éxito con mayor seguridad que una capacidad intelectual fuera de lo normal.
- **¿Contexto profesional?** Trabajo en equipo, gestión de un equipo, entrevista de trabajo.
- **¿Preguntas frecuentes?**
  - ¿Qué impacto puede tener el estrés en mis emociones y cómo gestionarlo?
  - ¿Por qué la empatía es uno de los elementos esenciales en el desarrollo del CE?
  - ¿Qué competencias me permitirán evolucionar en una empresa?
  - ¿Cómo sacarle partido a una emoción fuerte como la ira?
  - ¿Cómo expresar una crítica constructiva sobre el trabajo de un empleado?
  - ¿Cómo utilizar mis emociones para automotivarme?

«En mi trabajo anterior, no me sentía respetada y dejé que la situación empeorara. No dije nada hasta el día en que mi superior jerárquica fue demasiado lejos cuando yo me encargaba del stand en un evento, y exploté. Me mostré desagradable y le grité a mi superior delante de los clientes. Me había presionado mucho durante las últimas semanas y en ese momento no pude contenerme más y le dije todo lo que pensaba. Dos días más tarde, recibí mi carta de despido».

En 1996, la noción de «inteligencia emocional» (IE) fue popularizada por la obra epónima del psicólogo estadounidense Daniel Goleman (nacido en 1946). Distingue dos tipos de inteligencia: la racional y la emocional, cuantificadas respectivamente como coeficiente intelectual (CI) y coeficiente emocional (CE).

Según Goleman, la inteligencia emocional es «la capacidad [...] de identificar, acceder y controlar tus emociones, las de los demás y las de un grupo»[1]. Por tanto, el CE mide la capacidad que tiene un individuo para explotar sus aptitudes personales (empatía, confianza, motivación, etc.) y sus competencias sociales (comunicativa, relacional, etc.).

Para el psicólogo estadounidense, el coeficiente emocional y el coeficiente intelectual no son incompatibles: son, simplemente, dos maneras diferentes de medir la inteligencia global de un individuo. Como ocurre con el coeficiente intelectual, su teoría parte del principio de que nacemos con un coeficiente emocional dado, con ciertas cualidades y tendencias emocionales inscritas en nuestro patrimonio genético. Por tanto, no somos todos iguales en lo que a inteligencia emocional se refiere. Pero, si bien es difícil aumentar el CI, existen varios métodos para aumentar el CE. Estos métodos ayudan no solo a ser conscientes de nuestras emociones y a dominarlas, sino también a descifrar las de los demás y a actuar en consecuencia. De esta forma, ser

---

1. Todas las citas han sido traducidas por 50Minutos.es

emocionalmente inteligente está al alcance de todos.

Hoy en día, muchas personas consideran que el CE es tan importante como el CI, sobre todo en el marco profesional. De hecho, Goleman añade que la inteligencia emocional consiste en «gestionar los sentimientos para lograr expresarlos de forma apropiada y eficaz y así permitirle a los demás colaborar con harmonía en objetivos comunes». Desde este momento, cuanto más capaces seamos de gestionar nuestras emociones (estrés, tristeza, ira, intuición, etc.), mejor podremos interaccionar con los demás. Un jefe de equipo que demuestre una gran empatía será probablemente capaz de reducir el estrés de sus trabajadores insuflándoles energía: empleando bien sus emociones, optimiza su potencial como líder. De la misma forma, a una persona que tenga un coeficiente emocional alto le costará menos trabajar en equipo. De nuevo, según Goleman, «la inteligencia emocional no se suma a la capacidad intelectual, sino que la multiplica: constituye un factor invisible, pero determinante, de un rendimiento óptimo».

Entonces, ¿cómo aprender a controlar mejor tus emociones para poder maximizar tu potencial y tus posibilidades de éxito? ¿Cómo se mide el coeficiente emocional?

EL ABECÉ DE LA INTELIGENCIA EMOCIONAL

¿QUÉ ES LA INTELIGENCIA EMOCIONAL?

Origen y definiciones

En 1983, Howard Gardner propone su teoría de las inteligencias múltiples. Entre ellas, el psicólogo estadounidense distingue un tipo de inteligencia «vinculada a las relaciones con los otros». Esta inteligencia interpersonal —o social— «le permite al individuo actuar y reaccionar a los demás de forma adecuada. [...] Permite que haya empatía, cooperación, tolerancia. [...] Este tipo de inteligencia permite resolver problemas vinculados a las relaciones con los demás; [...] Es característica en líderes y organizadores».

Sin embargo, la inteligencia emocional se define realmente por primera vez tras los estudios de Peter Salovey (nacido en 1958) y John D. Mayer (nacido en 1953) a principios de los años noventa. En sus obras, ambos psicólogos estadounidenses definen la IE como «un tipo de inteligencia que implica ser capaz de regular las emociones propias y las de los demás, de comprenderlas y de utilizar esta información para guiar nuestra forma de pensar y nuestro comportamiento».

Inspirándose en las investigaciones de estos últimos, Daniel Goleman, doctor en psicología clínica y desarrollo personal, presenta este concepto al gran público en su libro *La inteligencia emocional* (1996). En esta obra, el psicólogo define la IE como «la capacidad [...] para identificar, acceder y controlar nuestras emociones, las de los demás y las de un grupo». Esta definición la completan un año después Salovey y Mayer, que describen la IE como «la habilidad para percibir y expresar las emociones, para integrarlas de forma que faciliten nuestro pensamiento, para comprender y razonar con las emociones, así como para regular las emociones propias y las de los demás». La expresión «coeficiente emocional» surge a finales de los años noventa, con las obras de Reuven Bar-On (nacido en 1944), que fue el primero en medir este tipo de inteligencia. Este autor centra su reflexión en la noción del potencial de rendimiento y de éxito, enfocándose en las distintas capacidades emocionales y sociales: la autoconciencia, la buena comprensión y expresión, la conciencia de los demás, la gestión de emociones fuertes, la buena resolución de conflictos y la capacidad de adaptación. Así, define la inteligencia emocional de la siguiente forma: «La inteligencia describe el conjunto de habilidades, capacidades y competencias [...]. El adjetivo emocional es empleado para hacer resaltar que este tipo de inteligencia es diferente a la inteligencia cognitiva». Para Bar-On, la inteligencia emocional es susceptible de ser mejorada gracias a formaciones y a la terapia.

El BarOn ICE

En 1997, BarOn crea el primer test de CE, el *Bar-On EQ-i*. Este consiste en responder a 133 afirmaciones («En la vida cotidiana, mis emociones me avergüenzan a menudo», «Si me están mintiendo, me doy cuenta fácilmente», «Si tengo un problema con alguien, puedo hablarle de él fácilmente», etc.) relacionadas con situaciones de la vida cotidiana. El candidato tiene que responder mediante una escala del 1 al 5. Cuando se termine el cuestionario, el ordenador calcula el CE del candidato basándose en cinco puntos:

- intrapersonal;
- interpersonal;
- adaptabilidad;
- gestión del estrés;
- y humor en general.

Cada uno de estos puntos está formado por quince componentes, como la autoafirmación, la tolerancia al estrés o el control de los impulsos.

En el plano profesional

Más tarde, Daniel Goleman desarrollará el concepto de cociente emocional transponiéndolo al ámbito profesional y al entorno educativo. Para el psicólogo estadounidense, la inteligencia emocional «favorece el éxito profesional y privado». Añade que la IE permite que los niños sean menos agresivos y que, más adelante, tomen las decisiones correctas. En su obra *La inteligencia emocional en la empresa*, crea el concepto del «liderazgo de resonancia», que define como «la capacidad de lograr que tus equipos estén en la misma onda emocional y que vibren al unísono con su optimismo y su entusiasmo [...] por oposición al liderazgo de disonancia que genera un entorno emocionalmente tóxico [...]».

¿Qué es un buen líder? Para encarnar un liderazgo eficaz hay que saber motivar al equipo y suscitar emociones positivas en los trabajadores. Un buen líder logra sacar lo mejor de sus empleados. Es capaz de ver sus cualidades y de actuar para destacarlas. Para el líder, es primordial contar con un buen dominio del estrés, para no enviar ninguna señal negativa al equipo que reunirá en torno a un objetivo común anticipando todo tipo de conflicto. Por lo tanto, el desarrollo de la inteligencia emocional propia es uno de los puntos importantes en los que aquel que desee adquirir liderazgo debe trabajar.

Para Goleman, una buena inteligencia emocional en el ámbito profesional se traduce en una elevada autoconciencia y en una buena autogestión, pero también en una fuerte conciencia de los demás y en una buena gestión de las relaciones sociales. Estableciendo un vínculo directo con la neurología, el psicólogo sostiene que el humor y las acciones de un jefe de equipo tienen un impacto —positivo o negativo— sobre sus empleados. Dicho de otra forma, cuando un individuo envía señales, estas pueden modificar la tasa de hormonas, el ritmo cardíaco e incluso, en algunos casos, el sistema inmunitario de otra persona. Esto es lo que llama la «regulación límbica interpersonal».

El neurocientífico Elkhonon Goldberg (nacido en 1946) va aún más lejos en sus trabajos de principios de los años 2000.

Este diferencia el hemisferio derecho, que sirve para aprender, innovar y explorar, del hemisferio izquierdo, que sirve para almacenar el conocimiento, memorizar y analizar. En la gestión de las emociones ambos hemisferios también desempeñan papeles distintos: el hemisferio izquierdo gestiona las emociones positivas y el derecho las negativas. Goldberg llegó a la conclusión de que si un individuo está cargado de emociones negativas, no tendrá la oportunidad de ser creativo e innovador, puesto que su hemisferio derecho ya estará saturado. De ahí la importancia de poder gestionar nuestras emociones, especialmente a nivel profesional.

Interés de estas teorías

Aunque estas distintas teorías cuentan con varias variantes, todas coinciden en un aspecto fundamental: la inteligencia emocional puede desarrollarse, sobre todo, a través de formaciones y de sesiones de coaching.

Además, lo que sobre todo pusieron de relieve es que no todos los éxitos se atribuyen únicamente al cociente intelectual. De hecho, dos personas con un mismo CI son poco susceptibles a tener una trayectoria escolar y un éxito profesional equivalente, y esta diferencia se debe manifiestamente al coeficiente emocional. Ya en 1944, el psicólogo David Wechsler (1896-1981) enunció que «individuos con un CI similar podían tener una capacidad para manejar su entorno muy distinta». Para Daniel Goleman, el CE es, de esta forma, un mejor indicador del éxito académico y profesional que el CI. No obstante, la noción de coeficiente intelectual es muy amplia –hablamos de inteligencia económica, de inteligencia matemática, etc.—, por lo que podemos imaginar que la noción de inteligencia emocional evolucionará y que aún hay mucho por descubrir sobre este tema.

Los diferentes modelos

El concepto de inteligencia es relativamente nuevo, por lo que los distintos modelos de funcionamiento de la IE compiten entre sí.

- **Para Salovey y Mayer, la inteligencia emocional no solo se mide por las emociones sino también por las cogniciones** (que se basan en el aprendizaje y en la memoria). Así, una parte de nuestro CE proviene de la experiencia, que permite reaccionar y percibir las emociones sin comprenderlas. Esta dimensión es del orden de los reflejos.
- **Para Daniel Goleman, las emociones interaccionan con las motivaciones** (guiadas por la necesidad de supervivencia y de reproducción). El psicólogo desarrolla

cuatro conceptos: la conciencia del yo, el dominio del yo, la conciencia social y la gestión de las relaciones. Más adelante nos centraremos en este último modelo.

• **El modelo de Reuven BarOn se basa en la noción de las capacidades emocionales y sociales.** Para BarOn, la inteligencia emocional reúne habilidades, capacidades y competencias que pueden desarrollarse mediante formación y terapia. Reuven BarOn distingue cinco componentes de la inteligencia emocional: la intrapersonal, la interpersonal, la adaptabilidad, la gestión del estrés y el humor general.

IDENTIFICAR NUESTRAS COMPETENCIAS EMOCIONALES

La primera etapa que todo aquel que desea desarrollar su CE tiene que superar consiste en identificar sus competencias emocionales y en aprender a identificar las de los demás. Después, un buen trabajo sobre uno mismo permite actuar sobre nuestras emociones (confianza, empatía, optimismo, etc.) con el objetivo de mejorar los vínculos con los demás. Por ello, es primordial que, en una primera fase, ahondemos en las emociones negativas que nos invaden con regularidad (ira, celos, frustración, ganas, angustia, etc.) antes de emplear este conocimiento para trabajar en nuestras competencias.

Para lograrlo, hay que ser consciente de que una emoción se crea como respuesta a un cambio entre el individuo y su entorno. Así, la ira puede ser una reacción ante una injusticia o una agresión, mientras que el miedo responde al peligro, etc.

Estas emociones nos llevan a diferentes comportamientos, como la huida, la agresión o el aislamiento. Un coeficiente emocional elevado te permitirá ser más sociable, comprender mejor a los demás, etc.: una habilidad que puede llevar tanto a una exitosa trayectoria profesional como a una vida privada estable y plena.

La lista de competencias emocionales que poseemos o que se encuentran a nuestro alcance es larga y evoluciona en función de cada individuo. Sin embargo, algunas son fundamentales para obtener un elevado coeficiente intelectual. Cada competencia o emoción se encuentra aquí repartida en cuatro categorías, según el modelo de Goleman: la autoconciencia, que permite conocerse mejor a uno mismo; la autogestión, que permite gestionar lo mejor posible toda situación profesional; la conciencia de los demás, que permite conocer al otro y sus emociones; y, finalmente, la gestión relacional, que permite influir y dominar las emociones de los demás.

Autoconciencia

- **Autoconfianza**: la autoconfianza va de la mano con la relajación. Ante alguien optimista, nos sentimos tranquilos. Además, cuando alguien confía plenamente en sí mismo, no retrocede ante una dificultad y nada le parece insuperable.
- **Conciencia de nuestras emociones**: se trata de identificar y de comprender nuestras propias emociones. La conciencia de las emociones facilita conocer nuestros puntos fuertes y nuestros puntos débiles y, por tanto, nuestros propios límites. De forma intuitiva, el individuo

adoptará la postura adecuada para obtener los mejores rendimientos profesionales.

- **Autoevaluación**: autoevaluarse correctamente permite tomar distancia con respecto a nuestras fortalezas y debilidades. Esta capacidad de relativizar suele generar una voluntad de mejorar en los ámbitos en los que somos más débiles. También permite aceptar mejor las críticas.
- **Autorregulación**: la capacidad para autorregularse consiste en no ceder a nuestros impulsos y en mantener un equilibrio interior. Esta noción implica generalmente que hay que aprender a relajarse y a organizarse mejor.
- **Intuición**: la intuición permite anticipar y evitar numerosas situaciones conflictivas, así como percibir el momento oportuno para una conversación o una acción.

Autogestión

- **Control de los impulsos**: esta capacidad facilita la adaptación de nuestro comportamiento en función de las situaciones.
- **Autodominio**: un buen autodominio permite conservar la sangre fría en cualquier situación.
- **Autoestima**: la imagen que tenemos de nosotros influye, naturalmente, en la manera en la que nos perciben los demás. Por ello, es crucial tener una buena autoestima.
- **Adaptación**: una gran capacidad de adaptación permite ser eficaz en cualquier situación y poder gestionar varias tareas sin perder de vista los objetivos principales.
- **Motivación**: alguien motivado tenderá más a tomar la iniciativa, a perseverar y a demostrar eficacia.
- **Perseverancia**: una persona perseverante hará todo lo

posible por lograr sus objetivos y, por lo tanto, es más susceptible de lograrlos que otra.

- **Tolerancia al estrés**: si el cuerpo está estresado, envía señales de estrés a los demás, que corren el riesgo de impregnarse de ellas. Además, el estrés nos consume mucha energía.
- **Optimismo**: una persona optimista tendrá un impacto positivo en la motivación de su interlocutor y no abandonará, ni siquiera en caso de fracaso.
- **Flexibilidad**: ser flexible es una competencia primordial para poder adaptarse tanto a nuevos desafíos como a cambios en el seno de la empresa.
- **Espíritu de iniciativa**: un individuo dotado de un buen espíritu de iniciativa podrá aportar energía positiva a los demás y generar nuevas ideas. Esta capacidad impulsa a aprovechar —o provocar— nuevas oportunidades.

Conciencia de los demás

- **Empatía**: la empatía ayuda a sintonizar con los interlocutores, a escucharlos y a descifrar lo que no se dice. Un individuo empático tendrá una gran capacidad de escucha y de comprensión del otro.

- **Asertividad**: la asertividad es el arte de saber criticar y aceptar las críticas, de saber decir que no, de ser honesto y mantenerse fiel a sí mismo. A una persona asertiva le será más fácil transmitir un mensaje a otro, incluso si este es negativo.
- **Mentalidad abierta**: tener una mentalidad abierta significa ser amable y adoptar una actitud positiva ante las ideas de los demás.

Gestión relacional

- **Relacional**: entenderse con los demás, influir en ellos y comunicarse con ellos.
- **Resolución de problemas**: alguien que tenga la capacidad de resolver problemas estimulará el diálogo y la negociación. Pondrá en marcha todo lo necesario para favorecer la búsqueda de soluciones y se sabrá mostrar atento a las necesidades de los demás.
- **Influencia**: la influencia resulta de gran utilidad cuando se trata de mantener un discurso persuasivo ante nuestro equipo.
- **Trabajo en equipo**: ser capaz de motivar a nuestros compañeros y de trabajar en común sobre un mismo objetivo.

<u>**GUIÑO AL EMPRESARIO**</u>

De acuerdo con las conclusiones de Goleman sobre las

competencias determinantes, un estudio del *Journal of Small Business & Entrepreneurship* afirma que los empresarios le deben su éxito principalmente a las siguientes competencias: autoconfianza, lealtad, adaptabilidad al cambio, sentido de servicio y aptitud para trabajar en equipo.

LA INTELIGENCIA EMOCIONAL EN LA EMPRESA

Ya lo hemos dicho: un alto coeficiente intelectual es una innegable ventaja en el ámbito profesional. Gracias a él el empleado podrá encontrar más fácilmente su lugar en el seno de su equipo y en la empresa y será capaz de ascender con más facilidad la escala jerárquica.

En *La inteligencia emocional en la empresa*, Daniel Goleman ponía de relieve que el coeficiente emocional tendría un impacto en el mercado laboral del futuro, porque algunas competencias, como «tener la capacidad de recuperarse o estar dotado de un espíritu de iniciativa y de adaptabilidad» se volverían indispensables.

En 2012, el neurobiólogo estadunidense Jaak Panksepp (nacido en 1943) estableció un vínculo entre varias emociones y la motivación en el trabajo. Según él, cuando atravesamos un determinado umbral, pasamos de un «estado motivacional» a una emoción fuerte, dependiendo de la intensidad del estímulo. El neurobiólogo define cuatro grandes emociones que influyen directamente en nuestra motivación en el trabajo. Actúan «sobre la creatividad individual y el deseo de exploración».

- **El deseo** entraña alegría y, por tanto, la creatividad, las ganas de descubrir y de avanzar.
- **El dolor** provoca tristeza, lo que implica un riesgo de pérdida de contacto social.
- **La ira** suscita una agresividad que, bien canalizada, puede ser útil en la defensa o el avance de un proyecto.
- **El miedo** desencadena la huida y acaba en inmovilidad, el comportamiento pasivo y la resistencia.

LO QUE HAY QUE EVITAR

En algunas situaciones es difícil dominar la ira. Nuestras emociones negativas se acumulan y se amontonan hasta que explotamos. En estos casos, lo mejor es evitar todo diálogo, tanto escrito como oral. Sal para relajarte unos veinte minutos (el cuerpo y el cerebro necesitan veinte minutos para calmarse) antes de establecer cualquier nuevo diálogo. El objetivo es aplacar toda esa tensión emocional.

LOS MEJORES CONSEJOS

- Aprende a reconocer tus fortalezas y tus debilidades. Si conoces tus puntos fuertes, podrás apoyarte más fácilmente en ellos. De la misma manera, si conoces tus puntos débiles, te será más fácil determinar tus límites.
- Atrévete. Cuanto más te atrevas, más autoconfianza ganarás y podrás ampliar tus límites. Obtendrás mejores resultados si te lanzas a lo desconocido.
- Aprende a reconocer en ti mismo las señales que anuncien una oleada de ira, una crisis de angustia o cualquier otra situación que genere tensiones. Cuanto antes detectes las señales que desatan tus tensiones, más capaz serás de dominarte a ti mismo.
- Mantén la mente abierta. Cuanto más abierto te muestres ante los demás, más capaz serás de empatizar.
- Privilegia el diálogo. Una comunicación óptima te hará evitar muchos conflictos. El otro se sentirá escuchado y se mostrará más inclinado a negociar en caso de situación de conflicto.

PEQUEÑO PLUS

La inteligencia emocional también requiere descifrar la comunicación no verbal. Hay que saber entender la de los demás, pero también ser consciente de nuestra comunicación corporal. Así, te será más fácil enviar mensajes a través de tu cuerpo, y también serás más capaz de comprender a los demás y sus emociones estudiando su lenguaje corporal.

- Aprende del pasado. Acepta tus responsabilidades y aprende a reconocer tus errores. Esto te permitirá mostrarte más abierto y conocerte mejor.

> «He aprendido de mis errores pasados. Hoy, cuando hay un problema, no lo expreso en ese mismo momento. Sé que no gestiono demasiado bien mi ira y mi enfado, por lo que prefiero esperar a que estas emociones se calmen para, a continuación, poder hablar del problema con tranquilidad».
>
> Rachel, asistente administrativa en una asociación sin ánimo de lucro

- Demuestra optimismo. Es más fácil entrever soluciones y ver lo mejor en los demás (y en uno mismo) cuando somos optimistas.
- Sé extrovertido. Cuanto más te abras al exterior, más posibilidades tendrás de influir en los demás de forma positiva.
- Aprende a reconocer lo que te hace valioso. Haz una lista con tus competencias, con tus contactos y con los proyectos que has culminado. Ser consciente de lo que vales aumentará tu autoestima.
- Relájate. Cuanto más tranquilo estés, más abierto se mostrará tu interlocutor al diálogo. Mantenerse tranquilo aleja el estrés y atenúa, por tanto, el riesgo de un desbordamiento emocional.

> «Profesionalmente, tuve muchas dificultades en el pasado

porque privilegié problemas familiares en beneficio de mi vida profesional. No me encontraba en un buen período en mi vida y además no tenía mucha autoestima; dejaba que las críticas de mi entorno me influyeran mucho. Desde que he cambiado, me siento mejor y, hoy en día, tengo confianza en mí misma. He tenido muchas ofertas de empleo y he encontrado un sitio que antes me parecía imposible. Como me siento más segura, parece que la gente también tiene más ganas de confiar en mí».

Miya, empleada polivalente en el sector de la hostelería.

PREGUNTAS FRECUENTES

¿QUÉ IMPACTO PUEDE TENER EL ESTRÉS EN MIS EMOCIONES Y CÓMO GESTIONARLO?

Cuando estamos estresados, enviamos señales de estrés a nuestro entorno, que a su vez se impregna de ellas. De una situación anodina pasamos a otra tensa y poco cómoda. Además, el estrés consume mucha energía, lo que nos hace sentirnos sin fuerza en momentos realmente complicados. También nos impide dominar nuestras emociones: una situación tensa acaba con más facilidad en un desbordamiento emocional y multiplica el riesgo de conflicto.

TÉCNICAS DE RELAJACIÓN EN EL DESPACHO

Existen varias técnicas de relajación que podemos practicar en nuestro lugar de trabajo para gestionar mejor el estrés.

- Si sientes que el estrés aumenta, da un paseo, sal de la oficina y haz una pausa.
- Un gesto simple y del que a menudo nos olvidamos en nuestro lugar de trabajo: beber agua. ¡El estrés y la deshidratación están estrechamente relacionados!
- Concentrarse en la respiración ayuda a eliminar la tensión. Inspira profundamente y espira lentamente hinchando el abdomen, tu corazón se tranquilizará en seguida y tu sistema nervioso se relajará poco a poco.

- Estírate, estira las piernas, los brazos, haz algunos círculos con la cabeza.
- Vigila el estado de fatiga de tus ojos. Estos no se concibieron para estar varias horas delante de la pantalla del ordenador, por lo que es esencial que descansen siempre que sea posible. Para ello, existen dos técnicas: cierra los ojos y coloca tus manos sobre tus párpados cerrados. La oscuridad y el calor harán que se recuperen rápidamente. La segunda técnica consiste en dibujar con tus ojos el símbolo del infinito varias veces seguidas.

¿POR QUÉ LA EMPATÍA ES UNO DE LOS ELEMENTOS ESENCIALES EN EL DESARROLLO DEL CE?

La empatía permite estar a la escucha de los demás para comprenderlos mejor y también para anticipar mejor sus reacciones. Al ser empáticos, desarrollamos también la apertura de mente y la asertividad. Cuanto más empáticos somos, menos centrados estamos en nosotros mismos, lo que permite crear un mejor diálogo con los demás.

¿QUÉ COMPETENCIAS ME PERMITIRÁN EVOLUCIONAR EN UNA EMPRESA?

En sus investigaciones, Daniel Goleman destacó cuatro competencias determinantes para el éxito profesional: la autoconfianza, la capacidad de adaptarse y de recuperarse, el espíritu de iniciativa y la capacidad de cooperar con los demás. Hoy en día, estas aptitudes son esenciales para evolucionar en el mercado laboral. Para el neurobiólogo Jaak Panksepp, es principalmente el deseo el que lleva a la creatividad y la motivación, tan solicitadas en el mundo profesional.

¿CÓMO SACARLE PARTIDO A UNA EMOCIÓN FUERTE COMO LA IRA?

Una emoción fuerte absorbe un gran potencial de acción. Pero, para poder actuar bajo el efecto de una gran emoción, hay que ser consciente de esta y poder controlarla. De esta forma, la ira puede tener un efecto devastador en el trabajo; sin embargo, si se canaliza bien, puede transformarse en una agresividad productiva: gracias a ella, a veces será más fácil defender un proyecto o iniciar una tarea complicada.

¿CÓMO EXPRESAR UNA CRÍTICA CONSTRUCTIVA SOBRE EL TRABAJO DE UN EMPLEADO?

La mejor manera de expresar una crítica constructiva es adoptar un comportamiento asertivo y empático: piensa en las emociones de la persona que está ante ti y en las tuyas propias. Al ponerte en el lugar del otro, te será más fácil hablar con sinceridad y transmitir mejor tu mensaje.

Concretamente, un buen truco para criticar sin agredir consiste en formular frases que comiencen por «yo» y no por «tú». «Me gustaría tener tu atención» en vez de «¡No me escuchas!», por ejemplo. Así, expresas tu punto de vista sin que parezca que estás juzgando al otro. Formular frases de esta forma también permite que el diálogo se mantenga abierto: el otro tiene la posibilidad de responder a tu opinión y de expresar su propia visión de las cosas. No sentirá que se le cuestiona, pero entenderá que lo puede hacer mejor.

¿CÓMO UTILIZAR MIS EMOCIONES PARA AUTOMOTIVARME?

Hay cuatro emociones principales que influyen, positiva o negativamente, en la motivación y, por tanto, en la acción: el deseo, el dolor, la ira y el miedo. Para automotivarse ante una tarea tediosa hay que jugar con estas emociones, intentar que nos afecte de manera controlada, lo que nos permitirá avanzar.

En general es el deseo, una sensación positiva, el que más posibilidades tiene de suministrarnos la energía que necesitamos para realizar un trabajo poco motivador. Intenta encontrar este elemento susceptible de generar deseo: deseo de hacerlo bien, de abordar un desafío, de dejar algo atrás, etc.

El dolor, la ira y el miedo pueden resultar igualmente incitantes eficaces en algunas situaciones. Si, por ejemplo, te abruma la injusticia, pero no has actuado nunca para cambiar la situación, a pesar de tu voluntad de hacerlo, puedes intentar centrarte en la ira que esta situación despierta en ti para incitarte a pasar a la acción; puedes instrumentalizar tu miedo para lanzarte en otro proyecto, que te dé menos miedo pero que represente igualmente un reto; puedes transformar tu dolor en un medio para agrupar la gente a tu alrededor y lograr juntos un objetivo común; etc.

La cuestión es ser consciente de tus emociones y poder utilizarlas de forma apropiada.

¡AHORA ES TU TURNO!

APRENDE A CONOCERTE MEJOR

- Comienza por plantearte las preguntas adecuadas. Al final del día, analiza tus actos: «¿Por qué he actuado de tal manera?», «¿Qué ha provocado el conflicto en la reunión?», «¿Me he expresado mal?», «¿Mi actitud era cerrada?», «¿He enviado inconscientemente señales negativas?», etc.
- Evalúate al final de cada semana, enumera tus puntos débiles y tus puntos fuertes de la semana en un cuaderno para tomar distancia y ser capaz de constatar cuáles son tus límites, tus motivaciones y tus lagunas. Relee tus notas con regularidad, te ayudará a darte cuenta de una eventual mejora y a tener confianza en ti mismo.

APRENDE A CONOCER MEJOR A LOS DEMÁS

- Pon a prueba tu forma de interpretar a los demás viendo la televisión sin sonido e intentado adivinar lo que cada uno cuenta a través de su expresión corporal y de su actitud.
- Ten un cuaderno de memorización sobre tu ambiente profesional. Pregúntate cada tarde qué ropa llevaban tus colegas, si sonreían, lo que te han dicho, etc. Esto te permitirá ser un mejor observador y conocer mejor a los demás.
- Fuérzate a hablar con los demás. ¿No conoces bien al recepcionista? Ve a verle cinco minutos al día, pregúntale qué tal está, intenta aprender algo más de él.

- Elige a una persona cercana que viva una situación difícil e imagina que estás en su lugar. ¿Cómo habrás reaccionado si estuvieras en su misma situación? ¿Por qué tu amigo reaccionó de tal manera? ¿Qué puede haber sentido?

CONTROLA TUS EMOCIONES

- Impulsa tu confianza en ti mismo dedicándole tiempo a vestirte bien. Un armario con estilo y adaptado a tu profesión te ayudará a que tu autoestima aumente.
- Practica la relajación. Al estar más tranquilo, desarrollarás una mejor comunicación no verbal. No le enviarás señales de estrés a los demás. Y si la relajación o el yoga no son para ti, haz deporte.

EL EJERCICIO DE BENSON

Esta técnica, creada por Herbert Benson, un profesor de la universidad de Harvard, consiste en relajarse en diez minutos. Elige una palabra que tenga una connotación positiva para ti (belleza, amor, sol, etc.); selecciona a continuación una imagen que te diga algo (una playa, el campo, etc.); ahora, cierra los ojos, relájate, respira con el abdomen lentamente y pronuncia en tu cabeza la palabra elegida cuando espires, mientras visualizas la imagen seleccionada.

- Para desarrollar tu optimismo, comienza por apreciar tus cualidades y las de los demás. Aprende a ver el lado bueno de las cosas, incluso en las situaciones más difíciles. Aprende a reírte de tus penas.

- Trabaja en tus emociones negativas anticipándote a ellas.

PONTE EN SITUACIÓN

Anticipa los conflictos imaginándote en una situación ficticia muy difícil. Imagina tus reacciones y las de los demás. Al hacerlo, entrenas a tu mente para que reaccione mejor en caso de conflicto o cuando surjan problemas inesperados. Asimismo, cuando tengas una presentación importante o una entrevista decisiva, imagina la escena y ponte en situación. Realizas tu presentación ficticia con éxito. Esto condicionará a tu mente para que esté confiada y sea optimista el día D.

- Durante una conversación conflictiva, no dejes que tus emociones hablen. Gana tiempo pidiéndole a tu interlocutor que reformule lo que ha dicho, escúchale con atención e intenta entender lo que espera de ti. Esto te permitirá silenciar tus emociones y dejar que hable tu razón.

CUESTIÓN DE FORMULACIÓN

Aprende a formular tus opiniones de manera asertiva. Al igual que conviene evitar los adverbios temporales como «nunca» o «siempre», utiliza el «yo» en vez de agredir a tu interlocutor a golpe de frases que comiencen por «tú».

¡Tu opinión nos interesa!
¡Deja un comentario en la página web de tu librería en línea,
y comparte tus favoritos en las redes sociales!

PARA IR MÁS ALLÁ

FUENTES BIBLIOGRÁFICAS

- Demarquet, Frédéric. "L'intelligence émotionnelle". *Fredericdemarquet.com*. Consultado el 20 de mayo de 2015. http://www.fredericdemarquet.com/sites/default/files/support_lintelligence_emotionnelle.pdf
- Fauconnier, Flore. "Le quotient émotionnel: passeport pour la réussite". *Journal du net*. Consultado el 5 de mayo 2015. http://www.journaldunet.com/management/0706/quotientemotionnel/2.shtml
- Gardner, Howard. 1983. *Frames of Mind: the Theory of Multiple Intelligence*, Nueva York: Basic Books.
- Goleman, Daniel. 1996. *L'intelligence émotionnelle*. Nueva York: Bantam Books.
- Goleman, Daniel. 1998. *L'intelligence émotionnelle au travail*. Nueva York: Bantam Books.
- Guéret, Cécile. "Cultivez votre intelligence émotionnelle". *Psychologies.com*. Consultado el 5 de mayo de 2015. http://www.psychologies.com/Moi/Se-connaitre/Personnalite/Articles-et-Dossiers/Comment-developper-votre-intuition/Cultivez-votre-intelligence-emotionnelle
- Mayer, John D., Joseph P. Forgas y Joseph Ciarrochi. 1997. *Emotional Intelligence in Everyday Life: A Scientific Inquiry*. Nueva York: Taylor & Francis.
- Panksepp, Jaak y Lucy Biven. 2012. *The Archaeology of Mind: Neuroevolutionary Origins of Human Emotion*. Nueva York: W. W. Norton & Company.
- Direction-Performance, "Qu'est-ce que l'Intelligence

émotionnelle au travail". Consultado el 20 de mayo de 2015. http://direction-performance.be/cest-quoi/quest-ce-quelintelligence-emotionnelle-au-travail/

- Rhee, Kenneth y Rebecca White. 2007. *Journal of Small Business & Entrepreneurship*, vol. 20, n.° 4. http://www.freepatentsonline.com/article/Journal-SmallBusiness-Entrepreneurship/204986722.html
- Roussel, Danielle. "Gestion du stress: Gérer et prévenir le stress au travail". *IRCAR Formation*. Consultado el 10 de mayo de 2015. http://www.ircar-formation.com/medias/files/les-gestes-simplespour-recuperer-en-5-minutes-1.pdf

en50MINUTOS.es
Historia
Economía y empresa
Coaching
EL DIAGRAMA DE ISHIKAWA
Material
Método
Máquina
Madre Naturaleza
Medida
Hombres
LA GUERRA DE PALESTINA DE 1948
DOMINA EL ARTE DEL NETWORKING

www.en50Minutos.es

ISBN ebook: 9782806277596

ISBN papel: 9782806285751

Depósito legal: D/2016/12603/511

Libro realizado por <u>Primento</u>, el socio digital de los editores